FABIANO ORMANEZE

ILUSTRAÇÕES
DOUGLAS REVERIE

1ª edição – Campinas, 2024

"Nós somos irmãos, nós nos sentimos parecidos e iguais; nas cidades, nas aldeias, nos povoados, não porque soframos, com a dor e os desprazeres, a lei e a polícia, mas porque nos une, nivela e agremia o amor da rua."

(João do Rio)

O Rio de Janeiro era a capital do Império, e a escravidão ainda perduraria por mais sete anos, quando nasceu João Paulo Emílio Cristóvão dos Santos Coelho Barreto, em 5 de agosto de 1881. Filho de um professor, Alfredo, e de uma negra alforriada, Florência, ele não ficaria conhecido como João Paulo. Seria mesmo o João do Rio, uma homenagem à cidade que, nos livros e jornais, ele descreveria como ninguém.

No Rio de Janeiro, a maior cidade do Brasil na época, viviam cerca de 280 mil pessoas. As praias famosas de hoje — Ipanema, Copacabana e Leblon — eram endereços inexistentes. Quase tudo acontecia no centro da cidade, e os bondes recém-implantados foram permitindo, aos poucos, o acesso a bairros mais afastados, como a Tijuca.

A família Barreto envolvia-se na campanha abolicionista, acompanhando pelas ruas os fortes discursos do amigo José do Patrocínio. Dona Gabriela, a avó materna de João, era conhecida por juntar economias e entregá-las a escravizados para que pudessem comprar a liberdade.

Foi no colégio do Mosteiro de São Bento, onde estudava graças a uma bolsa de estudos, que João começou a se interessar pela escrita. Quando ele tinha 12 anos, montou com os colegas do colégio um jornal batizado de *O Ensaio*.

Tanto João quanto seu único irmão, Bernardo, dois anos mais novo, tinham a saúde frágil. Por causa disso, o pai desistiu de estimulá-los a seguir carreira militar. Bernardo morreu precocemente em 1898.

Enquanto crescia, João criava uma série de divergências com o pai, católico fervoroso. Os preceitos religiosos eram motivo constante de conflitos entre os dois.

Em 1899, João conseguiu um emprego como jornalista no jornal *A Tribuna*. Com o tempo, ele passou a escrever histórias de ficção, que muitas vezes abordavam temas polêmicos para a época, como a homossexualidade.

Boêmio, João gostava de andar pelas ruas do Rio de Janeiro e olhar as paisagens de modo despretensioso. Era um *flâneur*, como se dizia em francês na época. A cidade, aos poucos, passava por uma grande transformação arquitetônica e cultural, marcando o período conhecido como *Belle Époque*. O prefeito Pereira Passos queria transformar a capital federal numa Paris dos trópicos. Por isso, mandou alargar avenidas, derrubou cortiços e ergueu cartões-postais, como o Theatro Municipal. As mudanças fizeram surgir também dezenas de cafeterias, lojas e restaurantes inspirados no padrão parisiense. Enquanto isso, nos morros, surgiam as primeiras favelas, destino da população mais pobre, expulsa do centro.

João e seus amigos gostavam de frequentar os locais da elite, embora não tivessem dinheiro. Queriam, na linguagem da época, ser dândis, palavra usada para se referir aos homens elegantes do período. Parte disso se expressava pela cartola e por uma pérola que João usou a vida inteira na lapela. Segundo ele, ajudava a lhe dar sorte.

E foi assim, olhando os arredores, conversando com as pessoas, observando o que acontecia nas ruas, que o jornalista se tornou conhecido.

Trabalhando na *Gazeta de Notícias*, publicou diversas crônicas sobre o que observava no dia a dia. A habilidade com a escrita, o jeito particular de olhar para a cidade e o hábito de transformar observações em textos fariam com que João Paulo se tornasse para sempre João do Rio, nome com que ele passou a assinar os textos. A inspiração para o pseudônimo veio da França. Por lá, Napoléon Marx, que descrevia a capital francesa como ninguém, optara por ser apenas Jean de Paris.

Ainda dando seus primeiros passos na carreira de repórter, João do Rio publicou, em 1904, uma série de reportagens considerada um marco na história da imprensa, pois havia sido elaborada a partir de entrevistas e visitas a templos religiosos desconhecidos pela maioria. As reportagens foram reunidas no livro *As religiões do Rio*.

A publicação da obra foi bastante polêmica. Nas reportagens, João mostrou as crenças do candomblé, dos evangélicos e até de cartomantes e exorcistas. Era a primeira vez que religiões de origem africana eram apresentadas: cinco reportagens da série falavam do mundo desconhecido dos terreiros e orixás: "O Rio, como todas as cidades nesses tempos de irreverência, tem em cada templo e em cada homem uma crença", escreveu o jornalista.

Antes da Proclamação da República, em 1899, era proibido praticar qualquer religião que não fosse o catolicismo. Nos anos que se seguiram à mudança na forma de governo, apesar de não haver nenhuma proibição, a polícia ainda reprimia as manifestações religiosas de matriz africana. Diziam na época que as reportagens de João ajudaram a polícia a encontrar os endereços, mas isso nunca foi comprovado.

João do Rio queria ser reconhecido como escritor. Em 1905, ele se candidatou pela primeira vez à Academia Brasileira de Letras (ABL), mas perdeu a disputa para Heráclito Graça. Dois anos depois, tentou ocupar outra cadeira. Entretanto, ao perceber que havia um movimento de apoio ao Barão de Jaceguai, desistiu da disputa.

Nesse período, João estava com a saúde debilitada por causa do hipotireoidismo, uma deficiência na produção de hormônios que pode causar cansaço, depressão, aumento de peso, entre outros sintomas. Por isso, decidiu passar seis meses numa fazenda em Poços de Caldas, no estado de Minas Gerais. Foi o período de menor produção literária do autor: foram apenas cinco textos para a *Gazeta de Notícias*.

Embora João adorasse a boemia e a elite carioca, também criticava as mudanças pelas quais o Rio de Janeiro passava a mando do prefeito Pereira Passos. Para João, o que estava acontecendo era uma verdadeira descaracterização do que pulsava pelas ruas. No fundo, ele se dividia. Ora era o dândi dos cafés, ora o observador atento e crítico que encontrava nas coisas do povo a matéria-prima para a escrita.

Essa observação do cotidiano fez surgir o livro mais conhecido de João do Rio, *A alma encantadora das ruas*, lançado em 1908 e que reunia reportagens publicadas nos quatro anos anteriores. Dessa vez, a polêmica foi causada porque João relatava a vida de grupos sociais que nunca haviam tido espaço na imprensa ou na literatura. Eram pessoas que viviam nas ruas, presidiários, pintores, vendedores ambulantes, marinheiros, estivadores, muitos relegados a condições semelhantes à escravidão. Gente comum, gente anônima.

Com o dinheiro arrecadado pela publicação do livro, João fez sua primeira viagem à Europa. Visitou Portugal, Inglaterra, Espanha e França. Em Paris, de onde escreveu vários textos, conheceu o inventor Santos Dumont, além de artistas famosos da época, como a dançarina Isadora Duncan.

João do Rio foi outras duas vezes à Europa. Numa delas, revelou-se também tradutor. Na outra, já depois da Primeira Guerra Mundial (1914-1918), fez a cobertura jornalística de várias conferências de paz.

Em 1909, aos 29 anos, João conquistou uma vaga na ABL derrotando Luís Pereira Barreto. Mais de 100 anos depois, João continua sendo a pessoa mais jovem a assumir um lugar entre os imortais da literatura nacional.

No dia da posse, houve outra novidade: ele foi o primeiro a usar o fardão, que se tornaria uma marca da ABL. Nos discursos dos anos seguintes, João dedicou espaço para defender causas tabus para a época, como o voto feminino, a eleição de mulheres para cargos públicos e o divórcio.

Dez anos depois de tomar posse, João do Rio deixou de frequentar a Academia, pois, em 1919, Humberto de Campos se tornou membro da ABL. Desde que os dois se conheceram, em 1912, eles viviam brigando. João, em vários momentos, aconselhou o desafeto a desistir da poesia, dizendo que lhe faltava talento. Para se vingar, Humberto criou um jornal só para falar mal de João do Rio. As ofensas envolviam ataques racistas, homofóbicos e relacionados à origem social.

Depois de sua demissão da *Gazeta de Notícias* em 1915, João passou por vários jornais, alguns, inclusive, que ele mesmo criou, como *A Pátria*. Nesse veículo, ele divulgou um manifesto de pescadores protestando por melhores condições de trabalho. Havia ameaça de greve. O caso acabou em violência, quando o capitão Frederico Villar e alguns subordinados agrediram João do Rio em um restaurante. Foi mais um episódio cheio de acusações racistas e homofóbicas.

Em 23 de junho de 1921, aos 39 anos, João saiu para caminhar logo pela manhã. Depois, tomou café na casa da mãe e foi para a redação do jornal, no Largo da Carioca. Sentia-se muito cansado naquele dia. Mesmo assim, aceitou o convite de um amigo para assistir a uma peça de teatro à noite. Morreu de infarto, dentro do táxi, a caminho do Theatro Municipal.

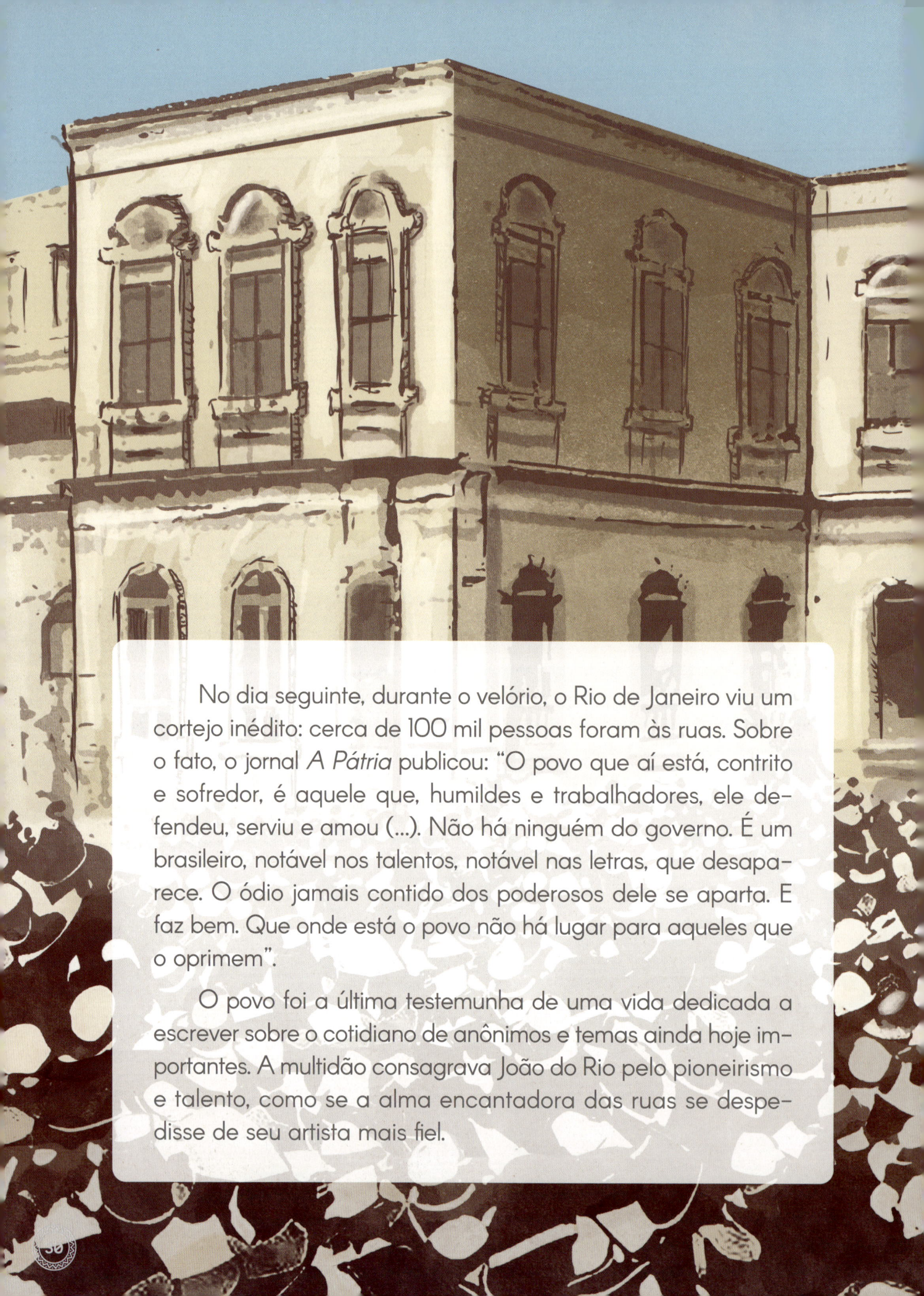

No dia seguinte, durante o velório, o Rio de Janeiro viu um cortejo inédito: cerca de 100 mil pessoas foram às ruas. Sobre o fato, o jornal *A Pátria* publicou: "O povo que aí está, contrito e sofredor, é aquele que, humildes e trabalhadores, ele defendeu, serviu e amou (...). Não há ninguém do governo. É um brasileiro, notável nos talentos, notável nas letras, que desaparece. O ódio jamais contido dos poderosos dele se aparta. E faz bem. Que onde está o povo não há lugar para aqueles que o oprimem".

O povo foi a última testemunha de uma vida dedicada a escrever sobre o cotidiano de anônimos e temas ainda hoje importantes. A multidão consagrava João do Rio pelo pioneirismo e talento, como se a alma encantadora das ruas se despedisse de seu artista mais fiel.

A OBRA

A coleção BLACK POWER apresenta biografias de personalidades negras que marcaram época e se tornaram inspiração e exemplo para as novas gerações. Os textos simples e as belas ilustrações levam os leitores a uma viagem repleta de fatos históricos e personagens que se transformaram em símbolo de resistência e superação.

As biografias são responsáveis por narrar e manter viva a história de personalidades influentes na sociedade. É por meio delas que autor e leitor vão mergulhar nos mais importantes e marcantes episódios da vida do biografado.

O livro relata a trajetória de João do Rio, um jornalista que contava os segredos das ruas cariocas por meio de crônicas, reportagens e entrevistas. Em um cenário de início de urbanização no Rio de Janeiro, no começo do século XX, o escritor se preocupava em dar voz para personagens pouco escutados em uma sociedade já dividida entre o *glamour* das regiões nobres e o surgimento das favelas. Ao mesmo tempo, não se furtava a abordar temas ainda muito polêmicos para a época, como a existência de múltiplas religiosidades na cidade do Rio de Janeiro, que foram mostradas na obra *As religiões do Rio*.

CURIOSIDADE

Os antigos egípcios tinham o costume de escrever sobre os seus líderes. Era assim que os seus principais feitos se mantinham vivos. Com o tempo, esses textos ganharam importância, e foi preciso criar um termo que pudesse nomeá-los. Foi assim que o filósofo Damásio uniu duas palavras vindas do grego: *bio*, que significa "vida", e *grafia*, que significa "escrita". Dessa maneira, surgiu o que conhecemos hoje como o gênero biografia.

Conheça algumas das principais características desse gênero:

- texto narrativo escrito em terceira pessoa;
- história contada em ordem cronológica;
- veracidade dos fatos, ou seja, não é uma história inventada;
- uso de pronomes pessoais e possessivos (ele, ela, seu, sua...);
- uso de marcadores de tempo (na adolescência, naquela época, na vida adulta...);
- verbos no pretérito, ou seja, no passado, pois os fatos narrados já aconteceram (fez, falou, escreveu...).

FABIANO ORMANEZE

DOUGLAS REVERIE

Fabiano Ormaneze é jornalista, escritor, professor, pesquisador e, por tudo isso, apaixonado por biografias, tema ao qual se dedicou no mestrado e no doutorado, ambos pela Universidade Estadual de Campinas (Unicamp). Escreve para crianças, adolescentes e adultos, sempre tendo em mente que a melhor matéria-prima para uma boa história é a vida humana. Cursou Jornalismo na PUC-Campinas e especialização na Academia Brasileira de Jornalismo Literário (ABJL). Foi repórter e editor em jornais e revistas, assessor de imprensa, revisor, mas gosta mesmo de estar na sala de aula, contando histórias e ensinando outros a se tornarem também autores. Está sempre em busca do próximo personagem ou de uma boa história. Na coleção Black Power, já publicou as biografias de Milton Santos, Mário Juruna, Madalena Paraguaçu e, agora, João do Rio, que, assim como Fabiano, foi um homem apaixonado pela escrita e pelo jornalismo.

Douglas Reverie nasceu na grande São Paulo e cresceu em Campos do Jordão. Entediado e com apenas montanhas e árvores para olhar, tornou-se um contador de histórias, tendo tempo de sobra para desenhar e praticar. Amante de massas, Douglas adora cozinhar. Quando não está na cozinha, investe seu tempo em leituras de livros e quadrinhos de fantasia e ficção especulativa. Formado em Artes, focou seus estudos em afrofuturismo e cultura africana. Consolidou seu trabalho realizando capas e ilustrações que trazem pessoas negras como protagonistas, inspirando jovens a se verem representados na literatura e nos quadrinhos. Atualmente atua como quadrinista, ilustrador, *character designer*, professor de arte e escritor de fantasia e ficção. Na missão de retratar a trajetória do escritor e jornalista João do Rio, Douglas trabalhou com brilhantismo, apresentando, em cada página, características marcantes do biografado na transição do século XIX para o XX.

JOÃO DO RIO

Nome:	João Paulo Emílio Cristóvão dos Santos Coelho Barreto
Nascimento:	5 de agosto de 1881, Rio de Janeiro (RJ)
Nacionalidade:	Brasileiro
Mãe:	Florência dos Santos Barreto
Pai:	Alfredo Coelho Barreto
Profissão:	Escritor e jornalista
Falecimento:	23 de junho de 1921
Obra principal:	*A alma encantadora das ruas* (1908)

LINHA DO TEMPO

1881 — Nasce em 5 de agosto de 1881, na cidade do Rio de Janeiro, então capital do Império.

1899 — Inicia sua carreira como jornalista no jornal *A Tribuna*.

1903 — Começam as reformas urbanas no Rio de Janeiro a mando do prefeito Pereira Passos. O projeto se inspirou em Paris, e o período ficou conhecido como *Belle Époque*.

1904 — Publica o livro *As religiões do Rio*, obra que causou bastante polêmica por dar espaço a religiões distintas do catolicismo.

1905 — Candidata-se pela primeira vez à Academia Brasileira de Letras (ABL), tentativa que acabou frustrada.

OBRAS IMPERDÍVEIS DE JOÃO DO RIO

As religiões do Rio

A obra foi lançada em 1904 e apresenta uma coletânea de diversas reportagens publicadas no jornal carioca *Gazeta de Notícias*. Os textos abordam diversas vertentes religiosas, incluindo crenças de matrizes africanas, um universo desconhecido e muito marginalizado pela maioria das pessoas. A publicação gerou uma série de polêmicas, já que essas religiões ainda sofriam grandes perseguições em um contexto dominado pelo catolicismo, que, até a Proclamação da República, em 1889, era a única religião que podia ser professada.

A bela madame Vargas

Essa peça, a mais famosa entre suas obras teatrais, estreou em 1912 e buscou retratar os costumes da elite carioca no período da *Belle Époque*. Tendo como palco principal os salões de figuras ricas do Rio de Janeiro, a peça tem como protagonista a madame Vargas, a anfitriã de muitos desses encontros. Nessas ocasiões, era possível perceber como as influências francesas eram presentes na vida dessa parcela da sociedade brasileira e como essas pessoas se relacionavam por meio de um contínuo jogo de aparências e interesses. A protagonista é uma viúva que, ao começar a entrar em falência, vê-se obrigada a se casar novamente para conseguir manter o estilo de vida que apresentou em toda a vida.

O momento literário

Livro lançado em 1907 a partir de entrevistas e cartas trocadas com escritores, críticos literários e jornalistas do período. Aos 36 entrevistados foram feitas perguntas sobre a situação literária no Brasil e de que maneira o jornalismo podia ou não contribuir com a formação de escritores. Antes de serem reunidos no livro, os textos foram publicados em 1904 na *Gazeta de Notícias*. Entre os entrevistados, estão nomes importantes da literatura nacional, como os irmãos Artur e Aluísio Azevedo, Olavo Bilac e Graça Aranha. O livro é considerado um grande dossiê sobre as relações entre jornalismo e literatura brasileira no início do século XX.

PARA VER, OUVIR E LER MAIS

Documentário

De lá pra cá (2011) – Nessa série produzida pela *TV Brasil*, há um episódio focado na trajetória de João do Rio em homenagem aos 130 anos de seu nascimento. A produção conta com estudiosos que se debruçaram sobre a bibliografia do autor e relatam o legado deixado por ele na cultura nacional.

Filme

Muitos homens num só (2015) – O drama romântico dirigido por Mini Kerti é baseado em um livro de João do Rio intitulado *Memórias de um rato de hotel*. A história do filme conta os passos de um ladrão, chamado Dr. Antônio, que se hospedava em hotéis de luxo no Rio de Janeiro e aproveitava suas estadias para aplicar golpes nos demais clientes, de modo a nunca ser pego. A obra de João do Rio foi fundamental na concepção do filme, já que a história é baseada em um caso real.

Site

https://www.bilhetesdejoaodorio.com.br/ – Por meio de um trabalho feito pela jornalista Cristiane d'Ávila, foram reunidas colunas de João do Rio publicadas entre 1920 e 1921 no jornal *A Pátria*. No total, são 52 textos feitos para uma coluna chamada "Bilhete", em que o autor retratava a realidade do Rio de Janeiro, então capital da República, no início do século XX.

http://portal.metodista.br/mutirao-do-brasileirismo/cartografia/verbetes/america-do-sul/joao-do-rio-2 – Dentro do projeto "Brasileirismo", da Universidade Metodista de São Paulo, que produziu uma enciclopédia sobre nomes da literatura e do jornalismo brasileiros, há uma biografia detalhada de João do Rio, suas obras e feitos, permeados de análises literárias e contextuais, de autoria de Fabiano Ormaneze.

Biografia

João do Rio: vida, paixão e obra (2010) – Com autoria de João Carlos Rodrigues, escritor e pesquisador da obra de João do Rio, o livro retrata os caminhos tomados pelo autor carioca até ascender à prolífica carreira jornalística. Além disso, é abordada a importância do *flâneur* no processo de solidificação da crônica como gênero genuinamente brasileiro.

Livro

Pena de aluguel: escritores jornalistas no Brasil (2005): Cem anos depois, a pesquisadora Cristiane Pena atualiza a discussão sobre as relações entre jornalismo e literatura usando método semelhante ao empregado por João do Rio em *O momento literário*. Ela entrevista jornalistas e escritores brasileiros comparando as respostas às obtidas por João do Rio.

EDITORA MOSTARDA
WWW.EDITORAMOSTARDA.COM.BR
INSTAGRAM: @EDITORAMOSTARDA

© Fabiano Ormaneze, 2024

Direção:	Pedro Mezette
Edição:	Andressa Maltese
Produção:	A&A Studio de Criação
Ilustração:	Douglas Reverie
Revisão:	Beatriz Novaes
	Elisandra Pereira
	Marcelo Montoza
	Mateus Bertole
	Nilce Bechara
Diagramação:	Ione Santana
Edição de arte:	Leonardo Malavazzi

```
Dados Internacionais de Catalogação na Publicação (CIP)
       (Câmara Brasileira do Livro, SP, Brasil)

   Ormaneze, Fabiano
      João : João do Rio / Fabiano Ormaneze ;
   ilustrações Douglas Reverie. -- 1. ed. -- Campinas,
   SP : Editora Mostarda, 2024.

      ISBN 978-65-80942-56-5

      1. Escritores brasileiros - Biografia -
   Literatura infantojuvenil 2. João, do Rio,
   1881-1921 - Biografia - Literatura infantojuvenil
   I. Reverie, Douglas. II. Título.

23-167516                                    CDD-028.5
```

Índices para catálogo sistemático:

1. Brasil : Escritores : Literatura infantojuvenil   028.5
2. Brasil : Escritores : Literatura juvenil   028.5

Cibele Maria Dias - Bibliotecária - CRB-8/9427

Nota: Os profissionais que trabalharam neste livro pesquisaram e compararam diversas fontes numa tentativa de retratar os fatos como eles aconteceram na vida real. Ainda assim, trata-se de uma versão adaptada para o público infantojuvenil que se atém aos eventos e personagens principais.